AF336789

L n° 27 18522

MÉMOIRE
AU ROI,
PAR LE GÉNÉRAL SARRAZIN.

SIRE,

« Toute justice émane du roi. Elle s'administre en
« son nom par des juges qu'il nomme et qu'il institue.
« Nul ne pourra être distrait de ses juges naturels. »
Articles 57 et 62 de la charte.

Plein de confiance dans la justice et dans la clémence
de votre majesté, j'ose porter aux pieds du trône mes
réclamations sur la violation de la charte à mon préju-
dice, par les juges de Paris, qui ne sont pas mes juges
naturels, la loi m'assignant les juges du département
de Lot-et-Garonne où j'ai mon domicile.

Une erreur funeste a été commise par la cour d'assises du département de la Seine. Le désespoir a été
jeté dans deux familles respectables, Delard et Sarrazin, par une décision arrachée, par l'esprit de parti,
à la faiblesse de messieurs les jurés. En faisant connaître à votre majesté, les intrigues de cet odieux
complot, l'innocence persécutée est assurée de triom-
pher. Pour mériter l'indulgence de votre majesté, je
ne lui présenterai que des faits constans et des écrits
authentiques, vouant au plus profond mépris les au-
teurs des injures et des écrits falsifiés dont se compose
le mémoire de la demoiselle Hutchinson.

Il est dit dans mon interrogatoire du 8 octobre 1818,
jour de mon arrestation et de mon emprisonnement à
la Force. « Avec Cécile-Charlotte Schwartz il n'y a
« point eu de mariage contracté. Je nie l'existence de
« l'acte de célébration de Livourne. Je n'ai pris à
« Londres la demoiselle Hutchinson, qu'à titre de
« femme entretenue. Je n'ai point signé l'acte de mon
« apparution avec elle devant un prêtre protestant.
« J'ai contracté mariage avec mademoiselle Delard.
« Je la reconnais pour mon épouse légitime, et je
« consens à signer l'acte de mon mariage avec elle, que
« vous me représentez. J'ajoute, que quand je quittai
« Londres, en avril 1814, M. Hamilton, sous-se-
« taire d'état aux affaires étrangères, m'offrit de m'as-
« surer, *par écrit*, une pension annuelle, si je consen-

« tais à passer le reste de mes jours en Angleterre. Je
« lui répondis que quand il me donnerait tout Londres,
« je ne renoncerais pas à mon pays natal. Souvenez-
« vous, me dit-il alors, d'un ton colère, que vous
« aurez le sort de tous ceux qui nous ont quittés, après
« nous avoir servi. Vous périrez sur l'échafaud, ou de
« misère sur un fumier. »

Dans la second interrogatoire qui eut lieu le 31 mars,
je déclarai à M. le président, que je n'avais signé de
ma vie qu'un acte de mariage, le 14 mai 1817, avec
mademoiselle Delard. J'ajoutai que, le 30 juillet 1810,
j'avais fait une déclaration *de m'établir en Angleterre
sans esprit de retour en France*, et qu'en conséquence
de cette déclaration, inscrite sur le registre public des
étrangers, à Londres, je remerciai le duc de la Chatre
de l'offre qu'il me fit, le 18 octobre 1810, de me porter
dans mon grade sur la liste des émigrés. Mon but était
de ne pas être forcé, à titre de Français émigré, de
porter les armes contre mes anciens camarades de
l'armée française.

Le président Parisot s'est rendu coupable de calomnie, quand il m'a accusé d'avoir emporté des plans
de France, à l'ennemi. Je n'ai emporté aucun plan.
J'ai fait de mes talens, l'usage que j'ai pensé le plus
avantageux à la pacification de l'Europe. Votre majesté
daigna m'en faire témoigner sa satisfaction par le duc
de la Chatre. Le 1er février 1815, votre majesté rendit
en ma faveur, sur le rapport du ministre de la guerre,
l'ordonnance royale qui suit:

« S i r e, le général Sarrazin a été condamné par
« contumace, le 15 novembre 1810, à la peine de
« mort, par le premier conseil de guerre permanent
« de la seizième division militaire. Revenu en France,
« il demande que son sort soit fixé. »

« Etant en Angleterre, le général Sarrazin a cons-
« tamment refusé de porter les armes contre la France.
« Il a cherché, par ses écrits à Londres, à servir la
« cause de l'auguste famille des Bourbons. Votre ma-
« jesté, à qui il eut l'honneur d'être présenté, le 22
« avril 1814, daigna l'accueillir avec une bonté pater-
« nelle, et lui dire que son intention était qu'il rentrât
« en France sans délai. En conséquence de cet ordre,
« M. le comte de Lachatre, ambassadeur de votre
« majesté, lui remit, pour obtenir un passeport des
« autorités de Calais, une invitation dont M. le général
« Sarrazin m'a envoyé copie. »

« Lorsqu'un condamné par contumace est arrêté,
« ou se présente volontairement, il est de principe

« qu'il soit procédé à une nouvelle information et à
« un jugement contradictoire ; mais , vu la position
« particulière dans laquelle se trouve M. le général
« Sarrazin , j'ai l'honneur de proposer à votre majesté
« d'ordonner qu'il ne sera donné aucune suite à cette
« affaire. »

« Le ministre secétaire d'état de la guerre , *signé* ,
« Maréchal duc de Dalmatie. »

« Approuvé. *Signé* , LOUIS »

« Par le roi. Le ministre secrétaire d'état de la
« gerre, *signé*, etc. , etc. »

Cette pièce authentique donne le démenti le plus
formel aux accusations réitérées de désertion , de trahison et de livraison de plans. Le duc de Dalmatie n'é-
tait pas homme à me pardonner un tel crime s'il m'en
avait cru coupable. Quant à ma prétendue abjuration
de la religion catholique, on a osé insérer un reproche
si odieux, dans un acte d'accusation , sur le simple certificat d'un certain Pemble, amant reconnu de ladite
Hutchinson. Il est dit dans cette pièce annexée au
procès, « que j'ai assisté au service divin dans la pa-
« roisse de Sainte-Anne de Westminster, pendant *les*
« *mois de juillet et août* 1813 , et que dans cet inter-
« valle, ce fut lui, Henry Pemble, alors curé de ladite
« église qui officia. »

Je déclare n'être pas entré dans l'église de Sainte-
Anne de Westminsrer , *dans les mois de juillet et*
août 1813. Je m'en réfère au témoignage de ladite
Hutchinson qui dit dans son mémoire , page 8 , que
j'embrassai le protestantisme , afin de pouvoir me marier avec elle *en mai* 1813. Ladite Hutchinson me
quitta le 19 juillet : je logeais alors fort loin de l'église
de Sainte-Anne, et j'avais à côté de chez moi une autre
église plus intéressante par le choix de la société, l'élo-
quence du pasteur et une bonne musique. Pendant
les quatre années que j'ai résidé en Angleterre , je ne
suis allé que deux fois dans l'église de Sainte-Anne , le
26 mai et le 4 juin 1813. Toute autre assertion est un
mensonge infame.

Pour donner à votre majesté une juste idée de mes
sentimens religieux et de mes opinions politiques , je
citerai un document qui fut soumis à MM. les jurés ,
le 23 juillet : « Nous soussigné , Joseph Laboubée ,
« prêtre et curé de la paroisse de Saint Silvestre , can-
« ton de Penne , quatrième arrondissement , départe-
« ment de Lot et Garonne , avons l'honneur de certi-

« fier à tous ceux à qui il appartient de droit, que
« M. Jean Sarrazin, maréchal de camp, commandeur
« de l'ordre royal de la légion d'honneur, natif de cette
« paroisse, n'a cessé de donner des preuves non équi-
« voques de son sincère dévouement à la religion ca-
« tholique, apostolique et romaine, par son exactitude
« exemplaire à remplir ses devoirs de chrétien, de-
« puis son entrée, en avril 1816 sur cette paroisse,
« jusqu'en 1818, qu'il l'a quittée pour se rendre à la
« capitale. En foi de quoi je lui ai délivré le présent
« certificat pour lui servir et valoir, à telle fin que de
« droit. Fait à Saint-Silvestre le 8 juillet 1819. »

« *Signé* LABOUBÉE. »

« Vu par nous, maire de Penne, pour la légalisation
« de la signature de M. Laboubée, curé de la paroisse
« de Saint-Silvestre en cette commune. Déclarant en
« outre, nous maire, que la conduite morale et poli-
« tique de M. le général Sarrazin nous a paru excel-
« lente, pendant tout le temps qu'il a séjourné à
« Saint - Silvestre, en 1816, 1817 et 1818. Délivré à
« Penne, en l'hôtel de la mairie, le 9 juillet 1819.

Signé PRUGNIÈEES aîné, maire.

« Vu pour légalisation de la signature de M. Pru-
« gnières aîné, maire de Penne. A Villeneuve,
« le 10 juillet 1819. Le sous-préfet,

« *Signé* LE BARON DÉSÉTANGS. »

Ce double témoignage de ma conduite religieuse et
politique est appuyé pas un certificat constatant que
j'ai fait don, à l'église de ma paroisse, d'une cloche qui
me coûte sept cents francs. Croirait-on que les juges et
les jurés n'ont fait que rire de cette attestation, tandis
qu'ils ont paru attacher une grande importance au
certificat d'un étranger, tant est à redouter cette funeste prévention que nos passions mettent au dessus
des lois. On croit aveuglément les assertions menson-
gères du sieur Pemble et de la demoiselle Hutchinson,
deux personnes de mœurs fort équivoques, et l'on ne
fait aucun cas des déclarations officielles d'un curé respectable, d'un maire généralement très-estimé, et de
moi-même qui suis resté pendant dix ans chef d'état
major du général Bernadotte, aujourd'hui roi de
Suède.

On ne répondra aux injures que renferme contre
moi le mémoire de ladite Huschinson, que par quelques
extraits des lettres de madame Sarrazin, lesquelles
lettres ont été mises sous les yeux de MM. les jurés.

(5)

Cette aimable épouse m'écrivait, le 9 septembre 1818 :
« ma santé a été un peu rétablie, mon très-cher ami,
« je me suis empressée de te le faire savoir, persuadée
« que tu devais être inquiet de me savoir malade , et
« de ne pas recevoir des nouvelles de notre chère
« Louise. Ah! si tu pouvais la voir , cette chère en-
« fant, tu ne la reconnaîtrais pas, tant elle est devenue
« belle et grasse. Elle est d'une blancheur étonnante.
« Elle commence à me caresser avec ses petites mains ,
« et à me sourire. Il me semble que je n'aurai jamais le
« bonheur de te la voir embrasser, ni de t'embrasser
« moi-même. C'est quand je la tiens dans mes bras
« que je fais toutes ces réflexions, en lui disant : Ah!
« ma chère Louise, peut-être tu ne verras jamais ton
« père, et mille autre choses. Je finis toujours par
« l'arroser de mes larmes. La messe fut pour elle le
« 15 août, pour la mettre sous la protection de la
« sainte Vierge Marie...,.... Adieu, mon cher ami,
« ménage ta santé, je t'embrasse de tout mon cœur,
« et suis pour la vie , ta fidèle épouse,

Signée MARIE SARRAZIN, née DELARD. »

Quoique mon caractère me portât à me plaindre par
les journaux, de l'illégalité de mon arrestation, je
gardai le plus profond silence, pendant près de trois
mois, afin de ne pas troubler le repos de cette compa-
gne chérie. Le 16 janvier 1819, cette fatale nouvelle
fut connue de madame Sarrazin, qui m'écrivit, la lettre
suivante : « Quel coup sensible vient de me frapper,
« mon très cher époux, quand j'ai appris que tu étais
« détenu *à la Force!* Ah! que je voudrais être avec toi,
« pour t'aider à supporter ta captivité. Juge de mon
« inquiétude, et combien je souffre de te savoir dans
« une si cruelle position, sans pouvoir te donner
« aucun secours. Je ne croirai jamais que tu sois cou
« pable du crime dont on t'accuse. Non, mon cher
« ami, tu n'es pas coupable. Tu es mon époux, et
« il n'y aura que la mort qui pourra me séparer de toi.
« Depuis qu'on m'a appris cette triste nouvelle, je ne
« fais que *pleurer et gémir.* Je suis si chagrine, que
« rien ne peut calmer ma douleur, pas même notre
« chère petite Louise. Il n'y a que tes lettres que
« puissent me donner quelque consolation. Je suis si
« faible qu'à peine ai-je la force de me soutenir. . . .
« Ta fidèle épouse,

« *Signé* MARIE SARRAZIN, née Delard. »

On ne multipliera pas les citations de plus de quarante lettres, que cette respectable femme m'a adressées depuis dix mois que je suis dans les prisons. Toutes respirent cet amour conjugal qui fait le bonheur de la vie, et cette tendresse maternelle qu'on ne rencontre que dans les cœurs bien nés; madame Sarrazin est avec moi depuis plus de deux ans. Mademoiselle Hutchinson n'est pas restée deux mois avec moi. J'ai reçu de mon épouse une dot de 60,000 francs, tandis que mademoiselle Hutchinson, pour une cohabitation de sept semaines, m'a coûté plus de 40,000 francs par ses dépenses et par ses vols. De quel côté se trouvent la vertu, la franchise et la bonne foi? qu'elle est la véritable épouse? quelle est la véritable mère? Pour fixer l'opinion à cet égard, je citerai quelques extraits de la correspondance de cette Hutchinson.

La cohabitation avait commencée quinze jours avant l'apparution devant le prêtre protestant, *moyennant un billet de vingt livres sterling*. Le 26 mai 1813, elle m'écrivait « qu'elle me jurait sa parole d'honneur, « qu'en totalité ses dettes ne se montaient pas à cin- « quante livres sterling, pas même à trente ; » et le lendemain 27, ces dettes se trouvèrent monter à plus de 300 livres sterling ! Je ne parle pas de sa conduite qui fut infâme, pendant les sept semaines que ladite Hutchinson resta chez moi. Je passe à la première lettre qu'elle m'écrivit le 22 juillet 1813, trois jours après sa fuite. Elle s'y proclame avec raison une criminelle, une scélérate qui a trahi ses sermens. Je prie votre majesté d'observer qu'elle ne dit pas un mot sur mon prétendu mariage avec la demoiselle Schwartz, ni sur sa prétendue grossesse. Au lieu de descendre aux supplications, elle n'aurait pas manqué d'objecter ses scrupules sur ma prétendue première femme, et ses craintes pour sa prétendue fécondité. Si elle avait été grosse, aurait-elle gardé un silence absolu sur un fait si important jusqu'à la fin d'octobre? Elle m'écrivit vers la fin d'août 1813 : « Quant aux dettes « dont vous m'envoyez l'état, je ne conçois pas com- « ment ma mère a pu les mettre sur mon compte. Je « ne m'attendais pas à tant de cruauté de sa part. Je « n'ai point d'argent pour payer ces dettes. Quand « bien même j'en aurais, je ne voudrais pas les payer. « Bien loin d'exiger de vous que vous les payiez, je « ne vous demande même pas de pension, j'en ai « perdu le droit par ma conduite. »

Trois mois après sa fuite, elle m'écrivait : « Je suis « fâchée que vous attribuiez mon refus de vous voir, « à une cause peu honorable. Si vous me croyez ca-

(7)

« pable des crimes qu'on me reproche, comment pou-
« vez-vous désirer d'avoir avec vous une personne si
« indigne de votre confiance. La comtesse de Besbo-
« rough s'amusera beaucoup, comme je l'ai fait, en
« lisant dans votre lettre que je couche toutes les
« nuits dans le lit du comte, tandis que lui et son che-
« val font ensemble cent ans. Excusez-moi, si je re-
« fuse une entrevue avec vous ; elle ne servirait à rien
« qu'à me troubler davantage. » Ces extraits sont faits
de lettres de plusieurs pages chacune, écrites de la main
de la demoiselle Hutchinson, quoique son avocat ait
soutenu le contraire dans le *Journal de Paris* du 30
juillet. Pourquoi ne faisait-il pas cette observation le 23,
quand la lettre lui fut présentée officiellement par l'huis-
sier de service ?

Si ladite Hutchinson avait été grosse, aurait-elle
pu dire qu'elle avait perdu le droit à des secours par
sa conduite? Est-ce là le langage d'une mère? Pourquoi
m'a-t-elle intenté un procès? Dans plusieurs passages
de son mémoire, elle déclare formellement vouloir
me rester étrangère. Serait-ce pour avoir de l'argent ?
Cette misérable sait mieux que personne, que je suis
sans aucune ressource, depuis que par ses rapports
perfides, elle m'a fait rayer du contrôle de l'armée.
Elle sait bien que je n'ai d'autre moyens de vivre que
dans le faible produit de mes travaux littéraires. Elle
n'a donc voulu que servir à accomplir les menaces de
M. Hamilton, et elle y a réussi au-de là de ses espé-
rances.

Ainsi, le crime triomphe, l'innocence est dans les
fers ! Pourquoi cette Hutchinson qui dit, page 22 de
son mémoire, que je lui ai écrit « de penser qu'elle por-
« tait dans son sein, un gage précieux de notre amour, »
aurait-elle laissé sans réponse pendant plus de huit mois
une question si délicate, si elle eût été fondée. Douée
d'un esprit aussi méchant que subtil, ladite Hutchinson ne fut point la dupe de mes protestations. Ses ga-
lans irrités de ma surveillance, avaient brisé les vitres
de ma maison, les 8 et 12 juillet. Le 16, trois jours
avant sa fuite, elle m'avait poursuivi avec un canif,
furieuse de ce qu'elle avait été prise en flagrant délit.
Dès-lors, elle comprit que toute provocation de rappro-
chement avait un but secret de venger des outrages
qu'un homme d'honneur ne saurait laisser impunis.
Voilà le motif de ces reproches calomnieux, d'avarice
sordide, de brutalité féroce, de méfiance injurieuse etc.,
page 10 de son mémoire, tandis que ladite Hutchinson
se proclame douce comme un agneau, timide comme

une colombe, ne sachant que pleurer, et cependant elle vomissait à chaque instant de la journée les injures les plus atroces contre un homme qui ne voulait pas que sa maison fût un lieu public de prostitution.

On a cru m'avoir fait un reproche victorieux, en me disant « que j'étais donc marié, puisque je voulais « user du droit de mari. » Je réponds, que mon état de contumace ne me permettait pas de me marier, quand bien même je l'aurais voulu, qu'il n'existe point de mariage, sans un acte régulier de célébration, et que je n'avais d'autre but, que de m'évader d'Angleterre, où j'étais prisonnier d'état par ordre ministériel, en violation du droit des gens. La partie civile a presque rempli son mémoire de citation de lettres particulières, et les juges en ont conclu, que les prétendus mariages de 1799 et de 1813, étaient *légalement* constatés. Mais les titres originaux sont encore à paraître, quoique depuis dix mois, je n'aie cessé d'en solliciter la représentation, conformément à la loi, qui n'accorde qu'un délai de deux mois pour avoir des documens d'Italie et d'Angleterre. Il est bien certain que depuis huit mois, les registres de Livourne et de Londres qui me concernent, seraient à Paris, et m'auraient été représentés, si l'autorité n'avait pas été prévenue que les actes dont il s'agit étaient falsifiés, et que l'apport des registres à Paris assurerait ma liberté. N'ai-je pas offert au président Larrieu, par acte du 6 avril dernier, de solder d'avance les frais de transcription et de transport du registre de Livourne ?

Mes persécuteurs sont donc bien persuadés qu'il n'y a jamais eu de célébration de mariage ni d'acte de célébration entre moi et la demoiselle Schwarts. Ils sont bien convaincus que je n'ai pas signé l'acte de célébration du prétendu mariage avec la demoiselle Hutchinson. Je déclare n'avoir signé qu'un acte de célébration de mariage avec madame Sarrazin, le 14 mai 1817. Cet acte est inscrit sur les registres de l'état civil. Il a été précédé du contrat de mariage par un notaire royal, tandis qu'on présente pour les demoiselles Schwarts et Hutchinson des copies d'écritures-sousseing-privé. Ce qui est aussi ridicule que si on se présentait chez un banquier de Paris, pour être soldé d'une lettre de change dont on aurait laissé la minute à Londres où à Livourne. On est donc réduit à se demander pourquoi le président Parisot a osé procéder au jugement de la prétendue bigamie, au mépris de l'arrêt du 23 avril, qui ordonnait un sursis aux débats, jusqu'à ce qu'il eût été statué sur l'inscription de faux.

Mon procès aurait été jugé, il y a plus de six mois, si les juges avaient pu se procurer les preuves nécessaires pour garantir ma condamnation. Le 23 avril, lorsque je demandais que la pièce de Livourne fut rejetée du procès, l'avocat-général Colomb prétendit que je ne m'étais pas conformé à la loi; et il s'obligea de faire venir la minute de ladite pièce. Cette obligation n'ayant pas été remplie, j'ai réclamé de nouveau conformément aux articles 223 et 224 du Code de procédure civile, dans la séance du 23 juillet, que la pièce arguée de faux, fut rejetée du procès. Les juges de Paris ne lachent pas ainsi leur proie. A défaut de minute, on se sert de lettres particulières! Les Hottentots seraient honteux de tant d'iniquité!

On me dira qu'on m'a offert un nouveau sursis, et que je restais chargé de faire venir les minutes des pièces arguées de faux. J'ai répondu que je ne devais, ni demander ni refuser un sursis, qu'il était impossible à un détenu de faire venir des minutes, et que je me conformerais à la loi. Sur cette réponse la cour ordonna l'ouverture des débats, en me laissant toutes mes réserves de droit tant sur l'inscription de faux que sur mes autres moyens préjudiciels. Confiant dans la sagacité du jury, et poussé à bout par la longeur de ma détention, comme un homme qu'on met à la question, j'espérais voir mettre un terme à mes souffrances.

Mais l'influence anglaise était aux aguéts. On a vu que j'avais été menacé, à mon départ de Londres, de périr sur un échafaud. Si j'ai fait la triste expérience que les ministres anglais ne tiennent pas les promesses faites à leurs dupes, j'apprends chaque jour à mes dépens qu'ils sont plus scrupuleux observateurs de leurs menaces. Indignement outragé par leur agent ladite Hutchinson en 1814; enfermé à l'Abbaye; en 1815, renvoyé de Paris en 1816, destitué; en 1817; arrêté en 1818 et condamné, en 1819, je n'ai d'autre ressource que la bonté paternelle de votre majesté, dont mes persécuteurs tâcheront de me priver pour avoir la satisfaction de prolonger mes souffrances. On a bien raison de dire que les réactions ont un raffinement de barbarie, inconnu dans les révolutions. Ici on égorge les victimes sur-le-champ; là on les fait mourir mille fois avant de leur donner le coup fatal. Quelle que soit ma destinée, je dois prouver à votre majesté que je suis innocent. L'exposé de mes moyens de cassation ne laissera aucun doute à cet égard, en fesant connaître à votre majesté avec quelle fatale prévention on a traité l'un de vos plus fidèles sujets.

Premier moyen de cassation. — La violation des articles 452, 455, 459, et 464 du Code d'instruction criminelle, en ne suivant pas l'instruction sur les pièces arguées de faux par actes des 13 janvier, 1er, 6, 18 et 23 avril 1819, et en procédant au jugement de l'affaire de bigamie, sans avoir statué sur l'inscription de faux, ainsi que ladite cour d'assises s'y était solennellement engagée par arrêt du 23 avril, dont l'exposant a réclamé vainement l'exécution, en demandant le rejet du procès, des pièces arguées de faux, puisque le ministère public n'avait pas pu faire apporter les minutes desdites pièces dans le délai prescrit par la loi qui n'accorde que deux mois pour les citations faites en Italie et en Angleterre, articles 73, 223 et 224 du Code de procédure civile.

Deuxième moyen de cassation. Le refus de la cour d'assises de la seine de faire apporter le titre original de l'arte de Londres du 26 mai 1813, dont la copie a été arguée de faux par l'exposant avec requête au ministère public de lui représenter ledit titre original ou de rejeter du procès la susdite copie, conformément aux articles 1334, 1337 du Code civil, 448 et suivans du Code d'instruction criminelle, la signature dudit acte ayant été formellement et itérativement déniée depuis l'interrogatoire du 8 octobre 1818 jusqu'au 23 juillet dernier, il est donc bien constant que l'exposant a refusé de signer l'acte de célébration du prétendu mariage du 26 mai 1813, l'auteur du faux ayant écrit le nom de Sarrazin avec une seule r, et avec une s au lieu du z, falsification si grossière qu'on n'a pas osé faire apporter le registre, je me suis assuré par moi-même de la vérité de ces détails, par l'inspection du registre, en septembre 1813, après la fuite de ladite Hutchinson. Aussi quand je lui envoyai copie dudit acte, pour tâcher de découvrir sa demeure, elle ne fit qu'en rire, parce qu'elle savait fort bien que je ne l'avais pas signé, et elle me répondit qu'elle n'était pas ma femme et que je n'avais aucun droit sur elle. J'ai cette lettre écrite de sa main.

Troisième moyen de cassation. La violation des articles 460 et 462 du Code d'instruction criminelle, par le refus de la cour de faire arrêter et mettre en jugement le sieur Gomel avoué et ladite Hutchinson que l'exposant a soutenus être complices du faux des pièces produites par le susdit et la susdite, ainsi que le prouvent les pièces du procès. La demande d'arrestation des susdits complices du faux a été faite au greffe de la cour d'assises par actes des 6, 18 avril et 21 juin dernier dûment signifiés à M. Larrieu président de la cour d'assises pour le deuxième trimestre de 1819.

Quatrième moyen de cassation. La violation des articles 315, et 321 du Code d'instruction criminelle par le refus du procureur-général de faire citer à la requête de l'exposant les témoins dont la liste lui a été dûment notifiée, ledit exposant ayant observé audit procureur-général que son état de mort civile, constaté par les paragraphes 14 et 15 de l'acte d'accusation, ne lui permettait pas de faire faire en son nom des citations en justice. Ladite liste a été notifiée audit procureur-général les 23 juin et 22 juillet, ainsi que le constate le reçu de M. Laplaigne substitut de service.

Cinquième moyen de cassation. La violation de l'article 6 du Code d'instruction criminelle, par la cour d'assises de la Seine, en connaissant d'une bigamie qui, si elle était prouvée, aurait eu lieu en pays étranger, contre une étrangère, par un étranger, ainsi que le prouve l'interrogatoire du 31 mars annexé aux pièces du procès. En 1813, l'exposant avait perdu la qualité de français, conformément aux dispositions de l'article 17 du Code civil. Il n'aurait donc pas pu donner à ladite Hutchinson une qualité dont j'étais privé par sa déclaration du 30 juillet 1810, dûment enregistrée, au bureau des étrangers, à Londres, par M. Reeves surintendant des étrangers. Cette déclaration *de s'établir en Angleterre*, *sans esprit de retour en France*, fut réitérée le 18 octobre 1810, par devant le duc de la Châtre, en présence du comte de Durfort. Ce fait sera également attesté par le général anglais sir Robert Wilson, présentement à Paris. Pourquoi la cour d'assises n'a-t-elle tenu aucun compte d'un fait prouvé si authentiquement, tandis qu'elle a a basé son jugement sur quelques lettres particulières que la loi n'admet que comme renseignemens?

Sixième moyen de cassation. — La fausse application des lois aux faits que mentionna l'acte d'accusation, et sur-tout la non existence de la mort civile, l'avocat de la partie civile et l'avocat général, ayant déclaré dans leurs plaidoyers du 23 juillet, la non existence de ladite mort, et ayant ainsi proclamé la validité du mariage de mademoiselle Delard, puisqu'elle peut seule présenter le titre exigé par l'art. 194 du code civil, *sans lequel titre nul ne peut réclamer le titre d'époux, ni les effets civils du mariage.*

Septième moyen de cassation. — Les prétendus mariages de 1799 et de 1815, n'auraient eu ni publicité,

ni publication, ni actes de célébration signés par l'exposant, ni inscription desdits actes sur les registres
de l'état civil du royaume, taudis que le mariage de
l'exposant avec madame Sarrazin, du 14 mai 1817, a
été accompli avec toutes les formalités voulues par la
loi ; ledit mariage étant contracté par l'exposant dans
toute la plénitude de ses droits civils, vu la non existence de la mort civile, tant par l'ordonnance royale
du 1er février 1815, que par la loi d'amnistie du 12 janvier 1816; antérieure de seize mois au mariage du 14
mai 1817; le président de la cour s'étant rangé de cet
avis à l'audience du 23 juillet dernier.

Huitième moyen de cassation. — La violation de
l'art. 271 du code d'instruction criminelle par l'avocat
général, en accusant devant la cour ledit exposant de
désertion, de trahison et d'abjuration de la religion
catholique, au mépris du traité, de la loi d'amnistie
et de l'ordonnance royale du 1er février 1815, qui ap-
prouve la conduite de l'exposant, tant pour son pas-
sage que pendant son séjour en Angleterre.

Neuvième moyen de cassation. — En 1799, il n'y a
eu ni célébration de mariage, ni acte de célébration
de la part de l'exposant qui, en 1813, était contumace
d la peine de mort, interdit par la loi, et sans ca-
pacité pour contracter mariage, soit en France, soit
à l'étranger, d'après les articles 3, 28, 502, 1124 du
code civil, 465 et 466 du code d'instruction criminelle,
ce qui rendrait nul de plein droit le prétendu mariage
de 1813, quand bien même l'exposant n'aurait pas refusé de signer l'acte du 26 mai 1813.

Dixième moyen de cassation. — La plainte en bigamie par une étrangère, sur des actes reçus par des
officiers, est illégale, et n'aurait pas dû être admise en
justice, tant que lesdits actes n'avaient pas été dé-
clarés valables et exécutoires par le tribunal civil du
domicile de l'exposant, seul compétent pour statuer
sur les réclamations d'état de ses justiciables, d'après
les art. 139, 188, 189, 194, 326, 327, 1000, 2123 du
code civil et 546 de procédure civile.

Onzième moyen de cassation. — L'omission par la
cour d'assises de la Seine, des dispositions des Ier et IIe
paragraphes de l'art. 399 du code d'instruction criminelle, qui n'ont pas été observées le 23 juillet, quoique
prescrites, *sous peine du nullité*, pour la formation
du nouveau tableau des douze jurés par l'art. 406 du
même code.

Douzième moyen de cassation. — La violation des
art. 448 et suivans du susdit code, en ne faisant pas

parapher et signer par qui de droit les pièces arguées
de faux, en dispensant le ministère public de suivre
l'instruction de faux, en refusant de rejeter du procès
les pièces arguées de faux, quoique depuis le 8 octobre 1818, il se soit écoulé plus de trois fois le délai fixé
par la loi, pour l'apport des minutes desdites pièces,
et en voulant charger l'exposant du soin de cette pour-
suite du faux, déjà très-difficile pour l'autorité, et par
conséquent impossible pour un détenu.

A ces douze moyens de cassation, développés dans
les mémoires des 12 janvier et 20 avril 1819, je me
borne à en indiquer plusieurs autres résultant de la
nullité de la procédure devant le juge d'instruction, le
tribunal de première instance et la chambre d'accusation, tels que mon emprisonnement sur une plaint e
illégale, ma détention sur un mandat de dépôt illégal,
comme n'exprimant pas le motif de l'arrestation, ni
la loi en exécution de laquelle elle était ordonnée ; le
mandat d'arrêt pour la mise en prévention étant sous
le nom de *Pierre*, au lieu de *Jean ;* la mise en prévention sur des pièces arguées de faux, par acte du 22
novembre 1818, annexé aux pièces du procès, l'arrêt
de renvoi pardevant la cour d'assises de la Seine, sans
que la question d'état eût été jugée préalablement,
l'incompétence de la cour d'assises de la Seine pour
juger un justiciable de la cour d'assises du département
de Lot et Garonne, et le défaut de lecture des charges
élevées contre moi, les deux plaintes de ladite Hutchinson ne m'ayant été connues qu'après ma mise en
accusation, en violation des arrêts de la cour de cassation du 9 novembre 1809 et 19 juillet 1810. Tous ces
moyens ont été soumis à la cour de cassation qui, dans
sa sagesse, ne permettra pas que madame Sarrazin,
née Delard, *mariée sous l'empire des lois françaises,*
soit privée de leur protection par une intrigue abomi-
nable, ourdie par une perfide étrangère, et protégée
par mes ennemis personnels.

Comment l'avocat de la partie civile a-t-il osé dire,
dans son mémoire, page 42. — « Le général Sarrazin
« a *sciemment* trompé les magistrats sur son état à l'é-
« poque où le troisième mariage a été contracté, e il a
« eu recours à un mensonge pour se faire déchar e de
« l'un des chefs d'accusation ».

J'ai présenté un jugement du 15 novembre 1810, la
loi sur les contumaces, et deux lettres du duc de Ta-
rente, explicatives de l'ordonnance du roi du 1er février 1815 : toutes les pièces tendent à confirmer l' xis-
tence de la mort civile au 15 novembre 1815. L'avocat

présente une simple assertion que j'ai insérée dans un mémoire au roi, pour balancer des pièces officielles. Pourquoi l'avocat a-t-il allégué une assertion purement hypothétique, lorsqu'il avait sous ses yeux le mémoire du 12 janvier 1819, qu'il a cité plusieurs fois, et dans lequel j'aborde franchement la question, et je prouve légalement, l'existence de la mort civile à l'époque du 15 novembre 1815? on voit facilement qui, de moi ou de l'avocat, mérite les imputations odieuses de *mensonge et de mauvaise foi.*

Pourquoi aurais-je inventé un mensonge qui m'était nuisible sous tous les rapports? pourquoi aurais-je fabriqué une assertion qui rendait nul mon mariage avec mademoiselle Delard, dont je n'ai cessé de proclamer la validité? Pourquoi enfin aurais-je voulu courir la chance d'être fusillé, ainsi que m'y expose l'état de mort civile? Des raisonnemens si absurdes ne peuvent s'expliquer que par le besoin et l'habitude des avocats de dire des injures à leurs parties adverses, afin d'en imposer aux jurés et au public par de grands mots, vides de sens, et qui suppléent le manque de raison par un torrent de sottises.

Comme le président et l'avocat général ont paru adopter l'avis de la partie civile sur la non existence de la mort civile, bien loin de rejeter ce prétendu chef d'accusation, sur le mariage de 1817, je l'adopte avec empressement, et j'en ai fait mon sixième moyen de cassation, comme nullité dans l'instruction du procès. L'acte d'accusation porte que je me suis représenté, en 1814, c'est-à-dire, avant les cinq ans de grâce, que, par conséquent, il n'existe pas de mort civile, et que le mariage de 1817 a été contracté dans la plénitude de mes droits civils. L'acte d'accusation doit donc être annulé, comme défectueux dans l'application de la loi et vicieux essentiellement dans l'exposé des faits. Comme il n'a point existé de mariage en 1799, qu'il n'a pas pu en exister en 1813, à cause de l'état de contumace, et qu'il n'existe au procès que l'acte de célébration du 17 mai 1817, *prouvé avoir été signé par Sarrazin*, madame Sarrazin, née Delard, recevra la récompense due aux vertus et aux qualités qui ornent son esprit et son cœur, en voyant confirmer une union formée par la bonne foi, et sanctionnée par toutes les formalités voulues par la loi.

Si la cour royale de Paris insiste sur l'existence de la mort civile, à cause des raisons déduites, et appuyées par le manque de ma représentation en justice, cette mort civile n'aura duré que cinquante-sept jours, de-

(15)

puis le 15 novembre 1815, jusqu'au 12 janvier 1816, époque de la loi d'amnistie qui a effacé tous les délits politiques, et le mariage de 1817 aura été contracté dans la plénitude de mes droits civils. Il faudra prouver la réalité de ces prétendus mariages de Livourne et de Londres, non par des lettres particulières, que la loi ne considère que comme renseignemens, mais par la représentation de *titres originaux*, qui n'existent pas. Alors mes persécuteurs seront honteux d'avoir été trompés si long-temps par cette misérable anglais et par son avocat, être fourbe, rapace, pervers, l'apôtre du crime et l'antipode de la vertu.

Pour joindre la plus parfaite ironie à la barbarie la plus atroce, on a prétendu, et le bruit en a circulé dans l'auditoire, que j'avais une fortune de plus de deux cent mille francs en diamans et billets de banque cachés dans une ceinture que je porterais sur moi. Cette Hutchinson serait restée avec moi plus de sept semaines, si elle m'avait cru des valeurs pour deux cent mille francs. Elle ne me quitta que quand elle se fut bien assurée que je ne vivais que du produit de mes livres, ayant refusé la pension que m'offrit le gouvernement anglais, parce qu'elle n'était pas celle des officiers de mon rang. Cette Hutchinson n'ignore pas que depuis le 15 janvier 1817, je suis privé de toute pension, et que depuis ma destitution, je n'ai subsisté que par la vente d'un reste d'héritage maternel. Enfin cette Hutchinson sait fort bien que je n'ai diminué les rigueurs de ma prison, depuis dix mois, que par la vente de ma bibliothèque. Il est bien constant que je n'ai que des dettes à présenter aux spéculateurs féroces qui ne m'ont intenté un procès criminel que dans le fol espoir de s'enrichir de mes dépouilles.

La France et l'Europe savent à quoi s'en tenir sur l'infâme procès dont je suis la victime. Ce n'est pas le prétendu *bigame* qu'on poursuit, mais le *déserteur* du camp de Boulogne, en 1810, et l'auteur de l'*Histoire de la Restauration*, où je censure le traité de paix du 20 novembre 1815. L'avocat général Débroï et le président Parisot ont assuré *que j'avais emporté les plans de la France*, afin de me rendre odieux à MM. les jurés. Le ministre de la guerre attestera que je n'ai emporté aucun plan. J'ai fait de mes talens l'usage que j'ai cru pouvoir contribuer au bonheur de la France, par la restauration des Bourbons sur le trône de Henri IV. Je suis resté fidèle à l'honneur. J'ai constamment refusé de porter les armes contre la France, parce que je ne voulais pas me battre contre ces braves au milieu desquels j'avais obtenu tous mes grades sur le champ de bataille. Rentré en France, en 1814, j'ai fourni au ministère de la guerre deux volumes de notes sur l'Angleterre et autres états de l'Europe, qui sont le résultat de mes observations pendant mon émigration, et qui seront pour ma patrie une source féconde de moyens d'attaque et de défense, inconnus jusqu'à ce jour. J'en appelle aux maréchaux duc de Dalmatie et prince d'Eckmulh, ministres de la guerre. Voilà la réponse la plus énergique que je puisse faire à ce journaliste qui demandait : « Qu'a de commun « M. Sarrasin avec l'honneur et avec l'armée ? »

Comme ce journaliste a assisté à l'audience de la cour d'assises du 23 juillet, il aurait dû demander : « Quelle différence y a-t-il entre la condamnation de « Sarrazin par la cour d'assises de la Seine, et l'assas- « sinat d'un voyageur sur la grande route ? » Ici l'attaqué peut se défendre, tandis qu'au tribunal un accusé se voit à chaque instant interrompu par cette ancienne tactique de diminuer les moyens de défense de l'accusé, en les tournant en ridicule, comme étrangers à la question. La calomnie, le sarcasme, l'ironie, la férocité, le mépris des lois et l'oubli de toutes les convenances sont les armes favorites qu'on emploie contre les victimes du despotisme.

Sire, je me soumets avec résignation à la volonté suprême de votre majesté, dont toute justice émane, pourvu qu'elle daigne jeter un regard paternel sur madame Sarrazin et sur Louise Sarrazin notre fille chérie, en faisant examiner par votre conseil d'état le procès inique que m'ont suscité les agens d'un gouvernement étranger. Non, votre majesté ne souffrira pas qu'une dévergondée de Londres, la honte de son sexe, le rebut de la société, un méprisable espion de la police de Londres, réussisse à troubler le ménage religieux de madame Sarrazin, épouse vertueuse, mère tendre, et bonne Française. Nous ne cesserons tant que nous vivrons de faire des vœux pour le bonheur de votre majesté et de votre auguste famille.

De Votre Majesté, le très-fidèle sujet,

Le général Sarrazin.

A Paris, prison de la Conciergerie, le 7 août 1819.

IMPRIMERIE DE MADAME JEUNEHOMME-CRÉMIERE, rue Hautefeuille, n° 20.